Titolo: Come migliorare a scrivere in corsivo con le emozioni

ISBN: 9781787934849

Autori: Jacopo Tortorella, Artù Publishing

Editore: Artù Publishing

COPYRIGHT ©2025 - Jacopo Tortorella, Artù Publishing
Tutti i diritti sono riservati. Nessuna parte di questa pubblicazione può essere riprodotta, custodita o trasmessa in alcuna forma o attraverso qualunque mezzo, elettronico, meccanico, né può essere fotografata, scannerizzata, registrata o altro senza permessi scritti da entrambi gli autori Jacopo Tortorella e Artù Publishing. Non è consentito ed è illegale copiare questo libro o parte di esso, pubblicando post su social o su siti internet, o distribuirlo attraverso qualunque mezzo senza permesso scritto dell'autore.

Benvenuti

NEL QUADERNO DELLE EMOZIONI E DEL CORSIVO! SIETE PRONTI A INIZIARE UN VIAGGIO FANTASTICO TRA LETTERE CHE SI PRENDONO PER MANO E SENTIMENTI DI OGNI COLORE? IN QUESTO QUADERNO IMPARERETE A SCRIVERE IN CORSIVO, MA ANCHE A RIFLETTERE SU TANTE EMOZIONI DIVERSE CHE ABITANO DENTRO DI VOI. PREPARATEVI A DIVERTIRVI, A COLORARE E A CANTARE... E SOPRATTUTTO A FARE AMICIZIA CON IL VOSTRO CUORE!

Immaginate

CHE LE LETTERE SIANO COME BALLERINI CHE DANZANO INSIEME: ECCO, QUELLO È IL CORSIVO!

Perchè è utile?

SCRIVERE IN CORSIVO VI AIUTA A MUOVERE MEGLIO LE DITA, PROPRIO COME QUANDO DISEGNATE O COSTRUITE QUALCOSA CON LE MANI.

Perché è divertente?

PERCHÉ POTETE CREARE PAROLE ELEGANTI E LEGGERE, COME UNA DANZA SUL FOGLIO.

Cosa vi insegna?

VI AIUTA A CONCENTRARVI, A ESSERE PIÙ PRECISI E ANCHE A DIVENTARE UN PO' PIÙ CREATIVI: POTETE INVENTARE VOSTRI MODI DI ABBELLIRE LE LETTERE.

Le emozioni

SONO COME TANTI COLORI DENTRO DI NOI: ALCUNE CI FANNO SALTARE DI GIOIA, ALTRE CI RENDONO TRISTI O ARRABBIATI, E CE NE SONO DI BUFFE, COME LA SORPRESA O LA CURIOSITÀ.

Riconoscerle

CI AIUTA A CAPIRE MEGLIO COSA SENTIAMO QUANDO SIAMO FELICI, TRISTI O ARRABBIATI.

Accoglierle

VUOL DIRE NON AVERE PAURA DI PROVARE OGNI TIPO DI EMOZIONE, ANCHE QUELLE UN PO' SCOMODE.

Gestirle

SIGNIFICA TROVARE IL MODO GIUSTO PER FARLE USCIRE, COME PARLARE CON UN AMICO, FARE UN BEL DISEGNO O SCRIVERE UNA CANZONE!

Come usare questo quaderno

BREVI TESTI DA LEGGERE
MA ANCHE DA SCRIVERE. TROVERETE DELLE PICCOLE STORIE O FRASI CHE PARLANO DI GIOIA, RABBIA, PAURA E TANTE ALTRE EMOZIONI.

FRASI DA COMPLETARE
POTRETE SCRIVERE LE VOSTRE IDEE, I VOSTRI SENTIMENTI O I VOSTRI PENSIERI, ALLENANDO LA SCRITTURA IN CORSIVO.

DISEGNI DA COLORARE
PER DARE COLORE E VITA ALLE EMOZIONI, POTRETE DIVERTIRVI A COLORARE FIGURE E SCENE CHE RAPPRESENTANO QUELLO CHE SENTITE.

SUGGERIMENTI DI CANZONI
A VOLTE LA MUSICA È IL MODO MIGLIORE PER ESPRIMERE COME CI SENTIAMO, QUINDI TROVERETE CONSIGLI SU CANZONI DA CANTARE O ASCOLTARE MENTRE SCRIVETE. LI TROVATE TUTTI SU INTERNET.

**ASCOLTA LA PLAYLIST
INQUADRA IL QR-CODE**

DISEGNA
COME TI SENTI IN QUESTO MOMENTO CON I COLORI CHE PENSI SIANO PIÙ GIUSTI.

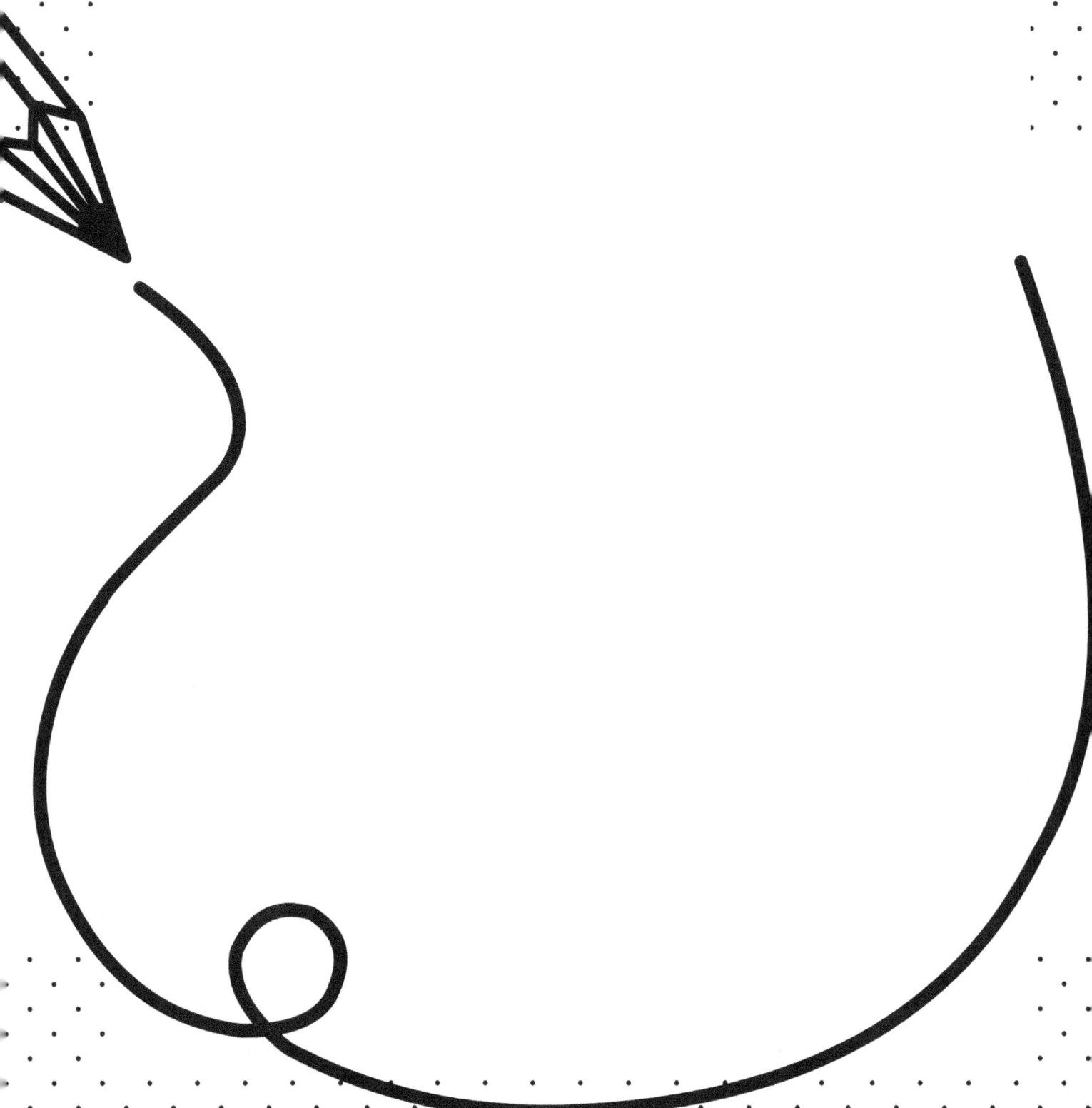

LETTERE DELL'ALFABETO

LETTERE MINUSCOLE IN ORDINE

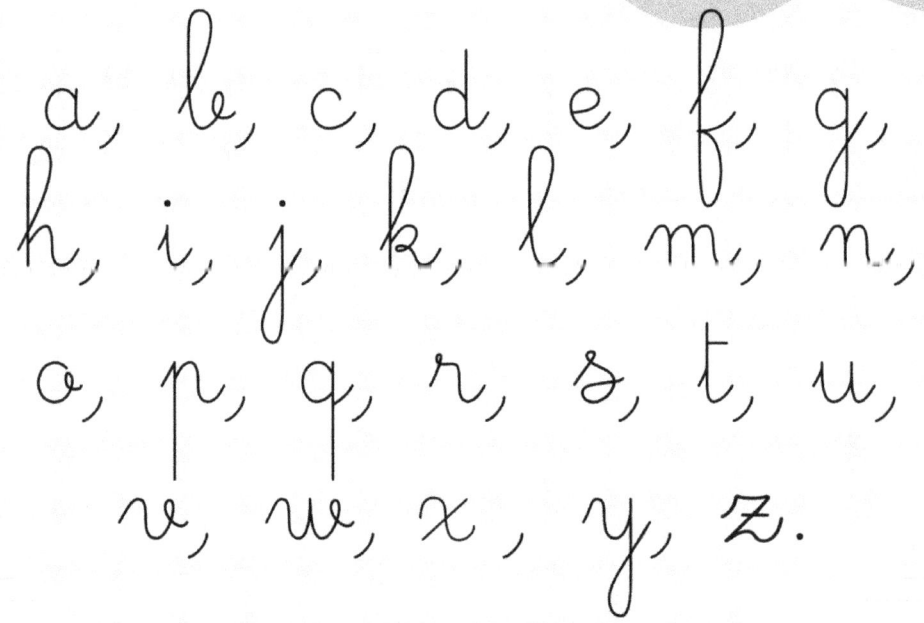

a, b, c, d, e, f, g,
h, i, j, k, l, m, n,
o, p, q, r, s, t, u,
v, w, x, y, z.

a, b, c, d, e, f, g, h, i, j, k, l, m, n, o,
p, q, r, s, t, u, v, w, x, y, z.

LETTERE MAIUSCOLE IN ORDINE

A B C D E F G
H I J K L M
N O P Q R S T
U V W X Y Z

A B C D E F G H I J
K L M N O P Q R
S T U V W X Y Z

GRUPPO DELLE LETTERE: VASI

I U T R

i u t r

I
U
T
R

DOVE

↑ ↑ ↑

i u   t   r

MOVIMENTO

Su obliquo, giù dritto, rallenta prima della curva, torna obliquo su. Puntino alla fine della parola.	Su obliquo, poi dritto, giù dritto, rallenta prima della curva, torna obliquo su, trattino.	Su obliquo, curvetta, giù dritto, rallenta prima della curva, torna obliquo su.

TRICK

Sempre legata alle altre lettere non alzare la matita.	Sempre legata, il trattino si mette alla fine della parola, tornando indietro.	Sempre legata alle altre lettere non alzare la matita.

GRUPPO DELLE LETTERE: BICCHIERI

N
M
V
P

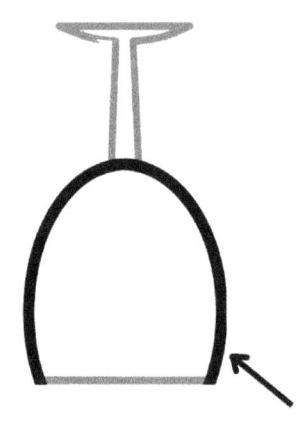

DOVE

n
m
v
p

| ↑ | ↑ | ↓ |

n m   v   p

MOVIMENTO

- Su obliquo, curva, giù dritto, ripassa bene sopra la linea e ripeti, curva su.
- Su obliquo, curva, giù dritto, curva, su dritto, stop, curvetta.
- Su obliquo, stop, giù dritto, ripassa bene sopra la linea, curva, giù dritto, curva su.

TRICK

- Sempre legata alle altre lettere non alzare la matita.
- Si abbassa la curvetta per legare la e. Si alza per attaccare le lettere a cerchietto.
- Si alza la matita quando dopo c'è una lettera a cerchietto: o e a.

GRUPPO DELLE LETTERE: GABBIANI

E
L
B
H
F

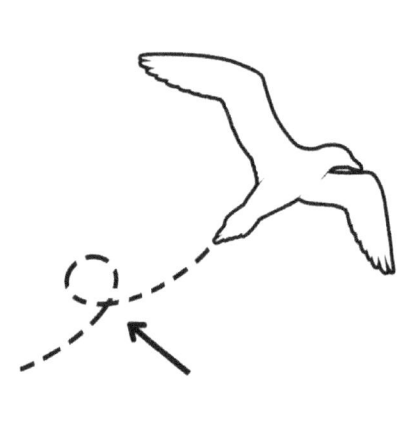

e
l
b
h
f

DOVE 📍

↑	↑	↓
e	l b h	f

MOVIMENTO

Su obliquo, curva, giù dritto, curva, su obliquo.

L: Su obliquo, curva, giù dritto, curva, su obliquo. **B**: + curvetta. **H**: Su obliquo, curva, giù dritto, stop, su dritto, curva, giù dritto, curva su.

Su obliquo, curva, giù dritto, curva, su obliquo, stop, curvetta su.

⚠️ TRICK ✨

Sempre legata alle altre lettere non alzare la matita.

Si abbassa la curvetta della b per legare la e. Si alza per attaccare le lettere a cerchietto.

Si alza la matita quando dopo c'è una lettera a cerchietto: o e a.

GRUPPO DELLE LETTERE: SOLE

C A O D Q G

c a o d q g

DOVE 📍

↑ ↑ ↓

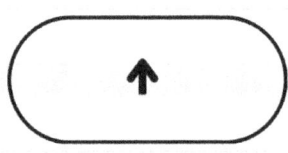   d   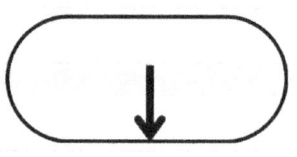

MOVIMENTO

Curva partendo dall'alto a sinistra e chiudi bene. A: + giù dritto, curva su. O: + curvetta.

Curva partendo dall'alto a sinistra, su dritto, stop, ripasso giù dritto, curva su.

Curva partendo dall'alto a sinistra, giù dritto, stop, ripasso su dritto, curva su. **G**: giù dritto, curva, su obliquo.

TRICK ✨

Sempre legata alle altre lettere non alzare la matita. Si alza quando dopo c'è un'altra lettera a cerchietto.

Sempre legata alle altre lettere non alzare la matita. Si alza quando dopo c'è un'altra lettera a cerchietto.

Sempre legata alle altre lettere non alzare la matita. Si alza quando dopo c'è un'altra lettera a cerchietto.

GRUPPO DELLE LETTERE: LABIRINTO

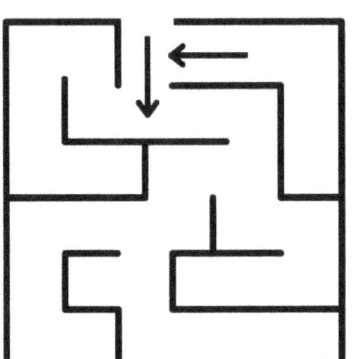

DOVE

MOVIMENTO

Su obliquo, stop, giù obliquo, curva, gancio su.

Su obliquo, stop, curvetta, stop, giù obliquo, stop, onda su. Trattino al centro alla fine della parola.

TRICK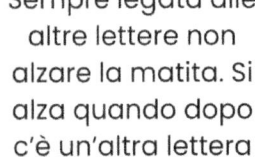

Sempre legata alle altre lettere non alzare la matita. Si alza quando dopo c'è un'altra lettera a cerchietto.

Sempre legata alle altre lettere non alzare la matita. Si alza quando dopo c'è un'altra lettera a cerchietto.

GRUPPO DELLE LETTERE: STRANIERE

J
K
W
X
Y

j
k
w
x
y

DOVE

w x

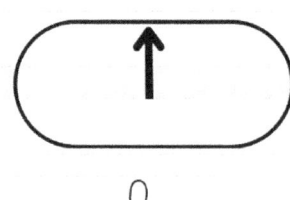

k

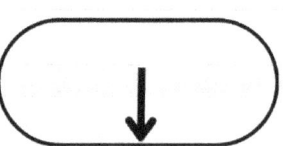

j y

MOVIMENTO

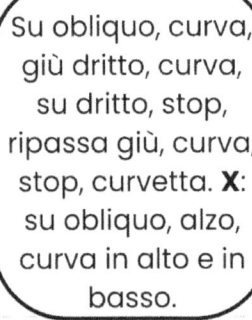

Su obliquo, curva, giù dritto, curva, su dritto, stop, ripassa giù, curva, stop, curvetta. **X**: su obliquo, alzo, curva in alto e in basso.

Su obliquo, curva, giù dritto, stop, su dritto, curva, stop, curva, giù dritto, curva su.

Su obliquo, stop, giù dritto, curva, su obliquo. Puntino alla fine della parola.
Y: su obliquo, stop, giù dritto, curva su, giù dritto, curva, su obliquo.

TRICK

Sempre legata alle altre lettere non alzare la matita. Si alza quando dopo c'è un'altra lettera a cerchietto.

Sempre legata alle altre lettere non alzare la matita. Si alza quando dopo c'è un'altra lettera a cerchietto.

Sempre legata alle altre lettere non alzare la matita. Si alza quando dopo c'è un'altra lettera a cerchietto.

COLLEGAMENTI TRA LETTERE

COLLEGAMENTI DIFFICILI CHE CAMBIANO

COLLEGAMENTI DIFFICILI CHE CAMBIANO

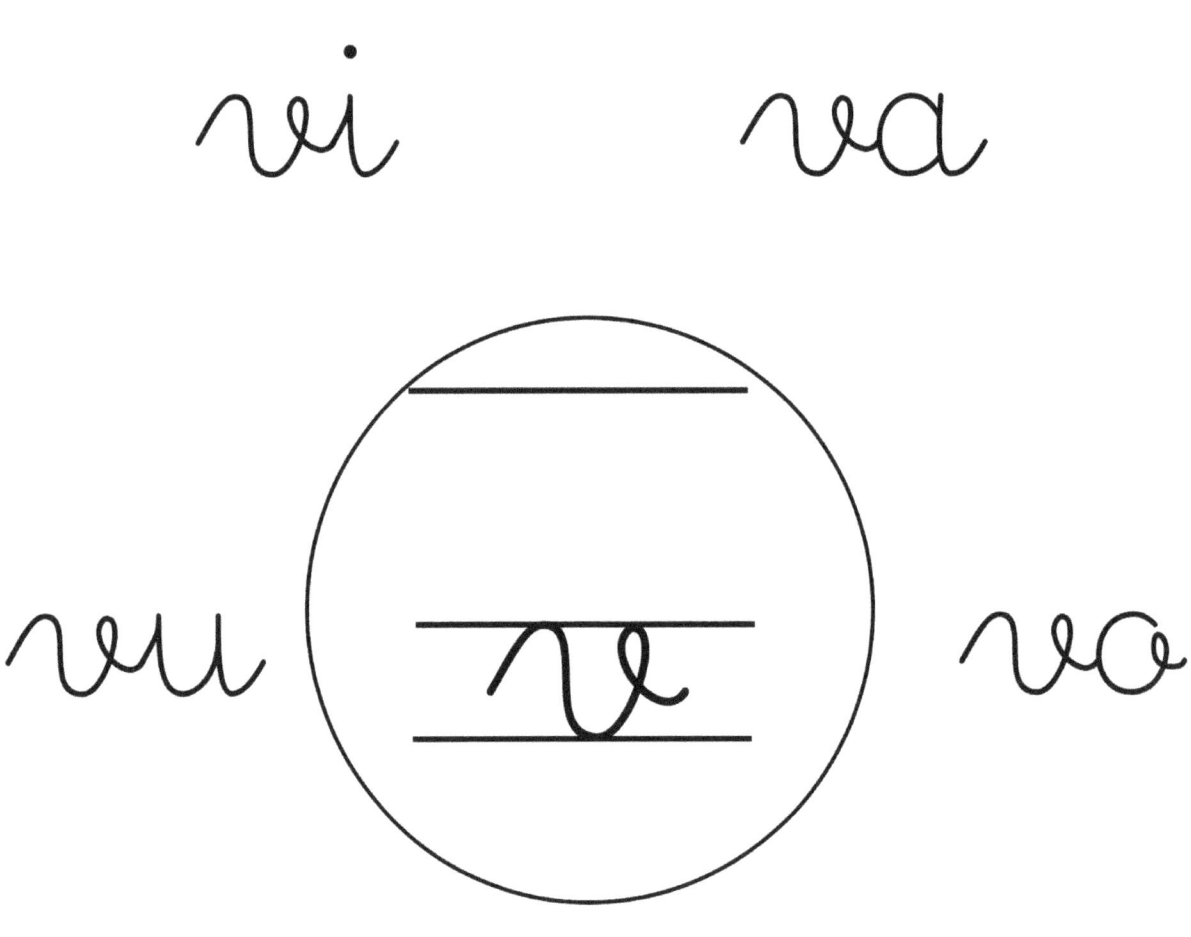

COLLEGAMENTI DIFFICILI CHE CAMBIANO

b + a

b + o

b + i

b + u

b + e

b + r

v + a

v + o

v + u

v + e   v + i

v + r

COLLEGAMENTI DIFFICILI CHE CAMBIANO

COLLEGAMENTI DIFFICILI CHE CAMBIANO

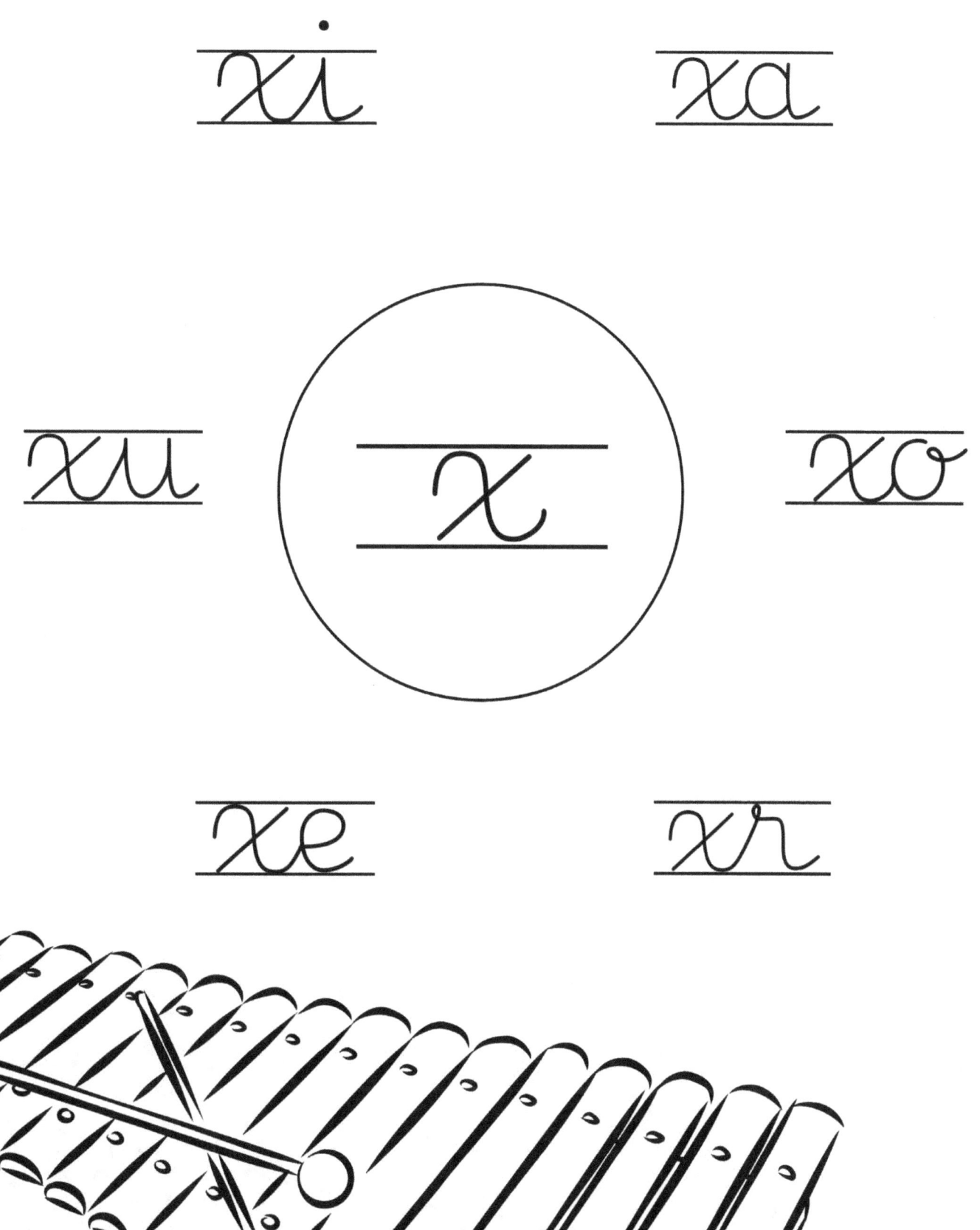

COLLEGAMENTI DIFFICILI CHE CAMBIANO

k + a

k + o

k + i

k + u

k + e

k + r

x + a

x + o

x + i

x + e   x + u

x + r

Ogni pagina sarà un passo in più per scoprire il mondo delle emozioni... e con il corsivo sarete dei veri artisti della scrittura! Buon divertimento!

EMOZIONI

GIOIA

gioia

gioire

sorriso

sorridere

sorridente

felice

felicità

allegria

rallegrarsi

euforia

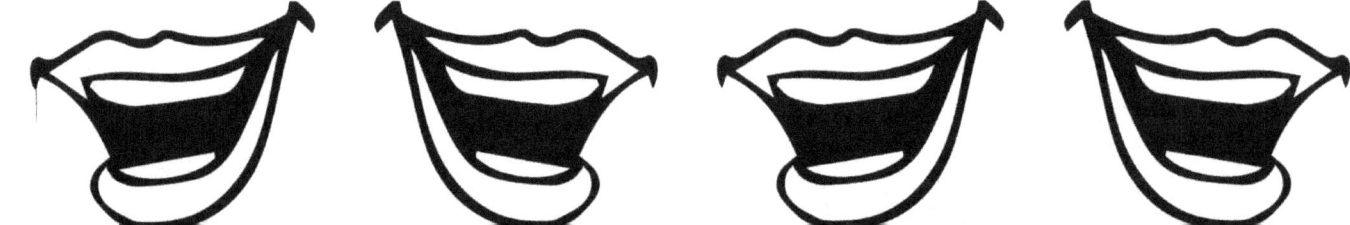

Quando sono felice, sorrido perchè...

La cosa che mi porta più allegria è...

Una giornata piena di gioia per me è...

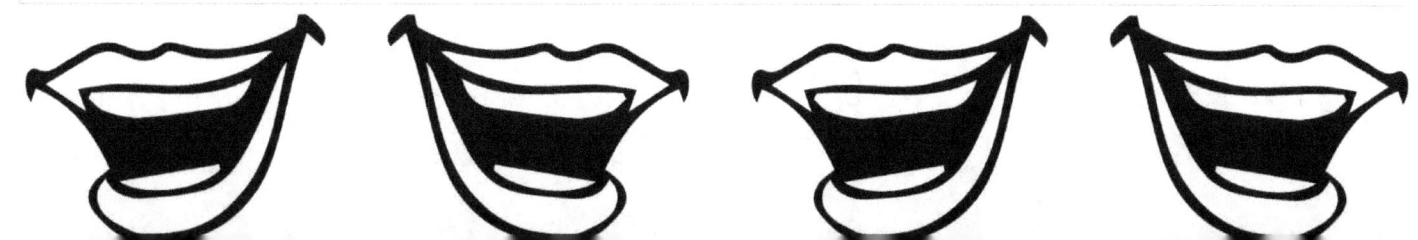

Luca frequenta la prima elementare. Domani la sua classe andrà in gita in un bellissimo parco che ospita tanti animali, anche esotici. I suoi genitori hanno deciso di preparargli una sorpresa per il giorno dopo: uno zainetto nuovo in cui mettere la merenda e tutto ciò che occorre per una

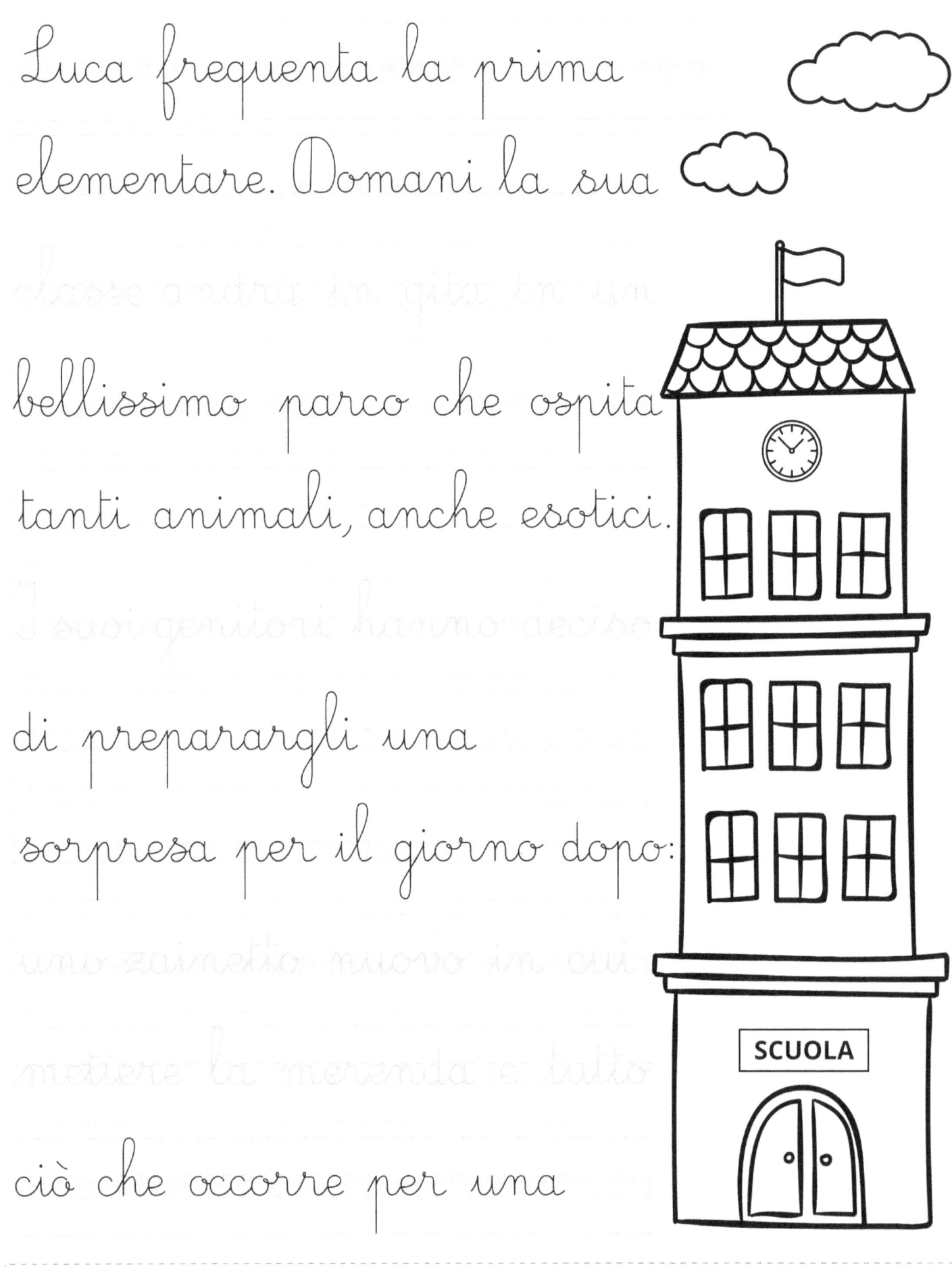

iutr nmvp elbhf caodqg sz jkwxy
IUTR NMVP ELBHF CAODQG SZ JKWXY

giornata all'aperto. La mattina dopo a

colazione appena Luca lo vede, i suoi

occhi si illuminano come piccole

stelle e un sorriso enorme

compare sul suo viso. Non

riesce a stare fermo sulla

sedia in cucina e grida:

"Evviva! Sono troppo felice!"

e inizia a saltellare intorno al tavolo

della colazione.

Piuma, il suo micio

bi	bu	be	br	bb	vi	vu	ve	vr	rr
BI	BU	BE	BR	BB	VI	VU	VE	VR	RR

persiano bianco latte, contagiato dalla gioia, si mette a correre dietro di lui come se stesse giocando a nascondino!

CONTINUA

La sorpresa più bella che ho ricevuto è stata...

ASCOLTA

SE SEI FELICE TU LO SAI BATTI LE MANI

NON APPENA COMINCI A BATTERE LE MANI E A CANTARE, LA FELICITÀ SI MOLTIPLICA E MAGARI SI AGGIUNGONO ANCHE ALTRI CON TE!

BUON DIVERTIMENTO CON LA GIOIA... E PREPARA IL TUO CUORE E LA TUA MANO A SCRIVERE ANCORA TANTE ALTRE EMOZIONI!

RISCRIVI IN CORSIVO LE PAROLE DELLA CANZONE.

TRISTEZZA

triste

lacrime

tristezza

malinconia

rattristarsi

lacrimare

malinconico

Quando mi sento triste, mi aiuta...

bi	bu	be	br	bb	vi	vu	ve	vr	rr
BI	BU	BE	BR	BB	VI	VU	VE	VR	RR

Non tutte le giornate sono uguali.

Anna che frequentava la seconda elementare, un giorno tornò a casa con gli occhi un pò lucidi. La mattinata a scuola era stata impegnativa ma

divertente e durante la merenda i suoi compagni avevano deciso di organizzare un gioco che lei non conosceva. Le era

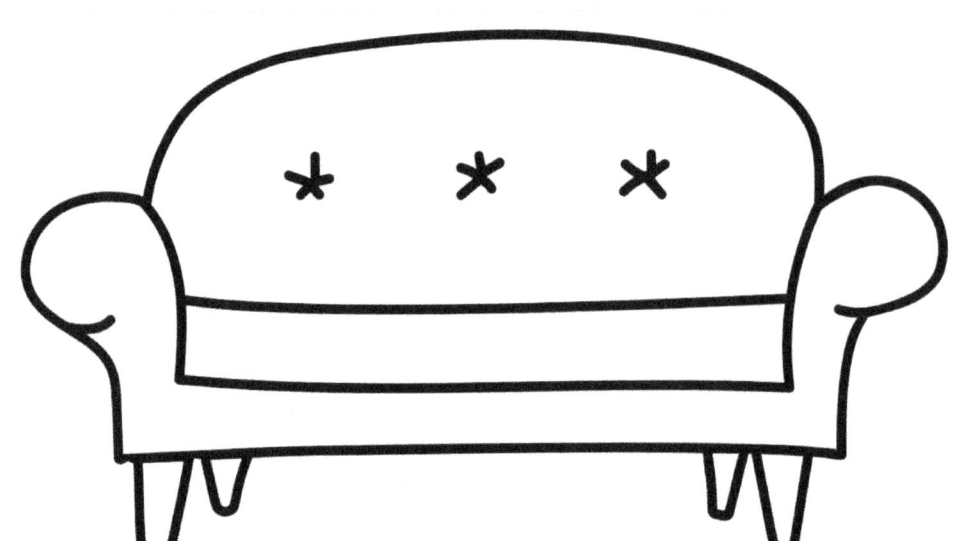

iutr nmvp elbhf caodqg sz jkwxy
IUTR NMVP ELBHF CAODQG SZ JKWXY

sentita un pò esclusa dalla scelta e non

era riuscita a divertirsi. Tornata a casa

con la mamma, invece che curiosare in

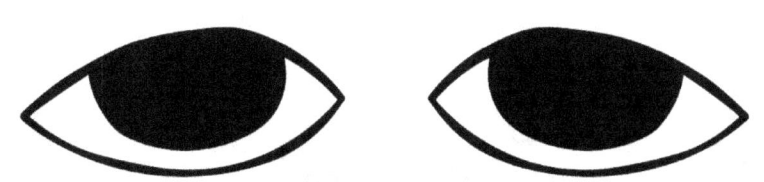

cucina, sbirciando tra i piatti pronti,

Anna si sedette sul divano e una

lacrima silenziosa le scese sul viso.

La mamma si sedette vicino a lei, le

asciugò le lacrime e le accarezzò il viso

e disse: "Capisco che tu sia triste, ma

bi	bu	be	br	bb	vi	vu	ve	vr	vr
BI	BU	BE	BR	BB	VI	VU	VE	VR	RR

sappi che non sei sola. A volte capita di sentirsi così." Anna sospirò e si sentì già meglio, sapendo che la

mamma era lì per ascoltarla.

CONTINUA

Mi sono sentito/a esclusa quando...

I U T R N M V P E L B H F C A O D Q G S Z J K W X Y

CANTICCHIA
UNA NINNA NANNA

O ASCOLTA UNA CANZONE TRANQUILLA CHE PARLI DI SPERANZA. A VOLTE, BASTA UNA SEMPLICE MUSICA PER FARCI SENTIRE PIÙ SERENI E AL SICURO. QUANDO TI SENTI TRISTE, UNA MELODIA CALMA PUÒ AIUTARTI A TROVARE UN PO' DI PACE.

RABBIA

rabbia

arrabbiato

calma

Quando mi arrabbio, sento che il mio cuore...

bi	bu	be	br	bb	vi	vu	ve	vr	rr
BI	BU	BE	BR	BB	VI	VU	VE	VR	RR

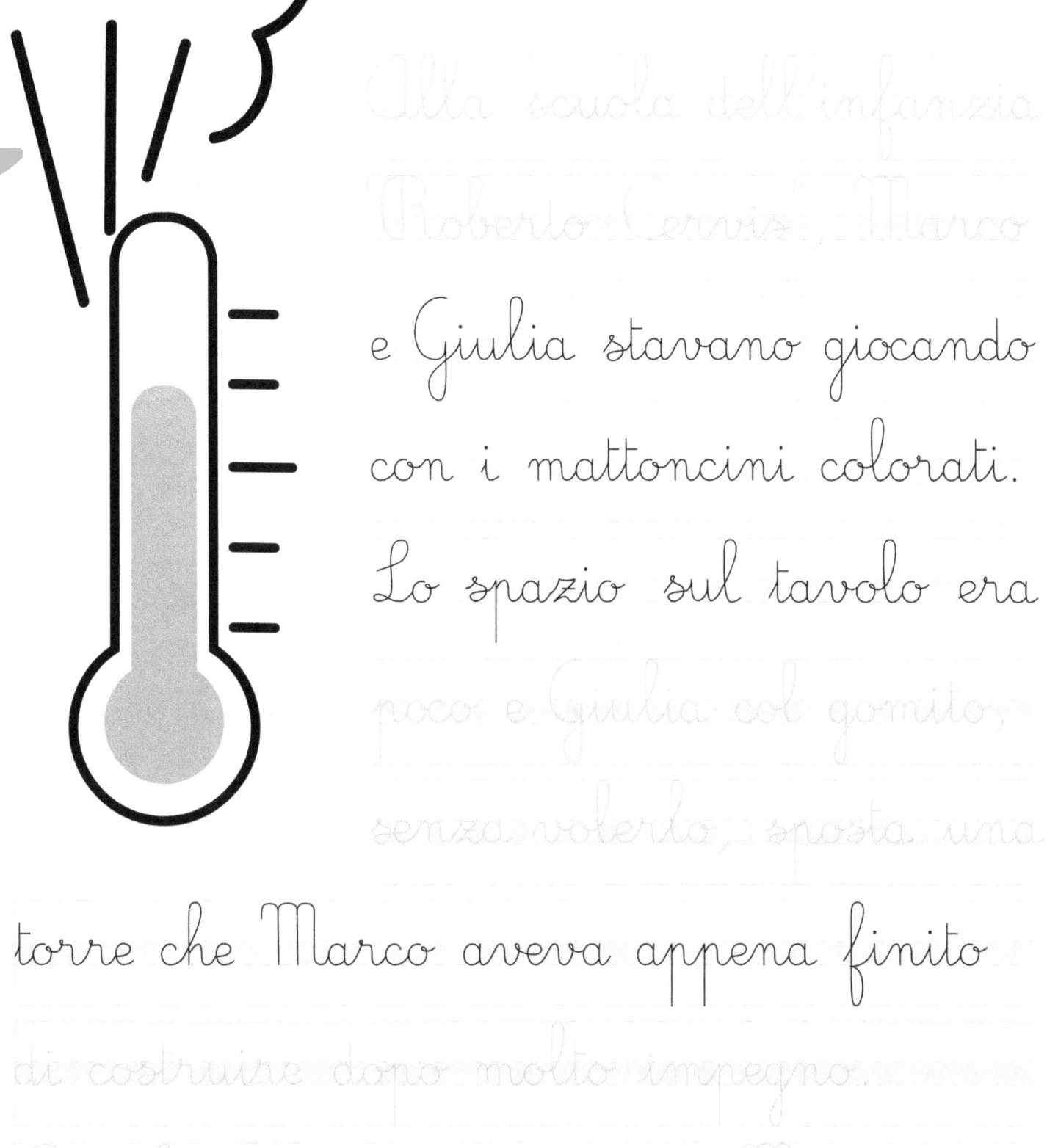

Alla scuola dell'infanzia "Roberto Cervis", Marco e Giulia stavano giocando con i mattoncini colorati. Lo spazio sul tavolo era poco e Giulia col gomito, senza volerlo, sposta una torre che Marco aveva appena finito di costruire dopo molto impegno. Così la torre cade a terra. Marco cambia colore in viso e diventa rosso

iutr nmvp elbhf caodqg sz jkwxy
IUTR NMVP ELBHF CAODQG SZ JKWXY

come un pomodoro
maturo, stringe i
pugni e inizia a
batterli sul tavolo. Poi urla: "Perché
hai rotto la mia torre, cattiva?" e
Giulia inizia a piangere, spaventata
dalla reazione di Marco. La maestra
che seguiva altri bambini in un altro
tavolo, interviene, prende le mani di
entrambi e li invita a calmarsi,

bi	bu	be	br	bb	vi	vu	ve	vr	rr
BI	BU	BE	BR	BB	VI	VU	VE	VR	RR

respirare e a spiegarsi con parole pacate.

Così Marco capisce che Giulia non aveva fatto apposta e le chiede scusa stringendole la mano e abbracciando Marco. Alla fine i due compagni, hanno ricominciato a

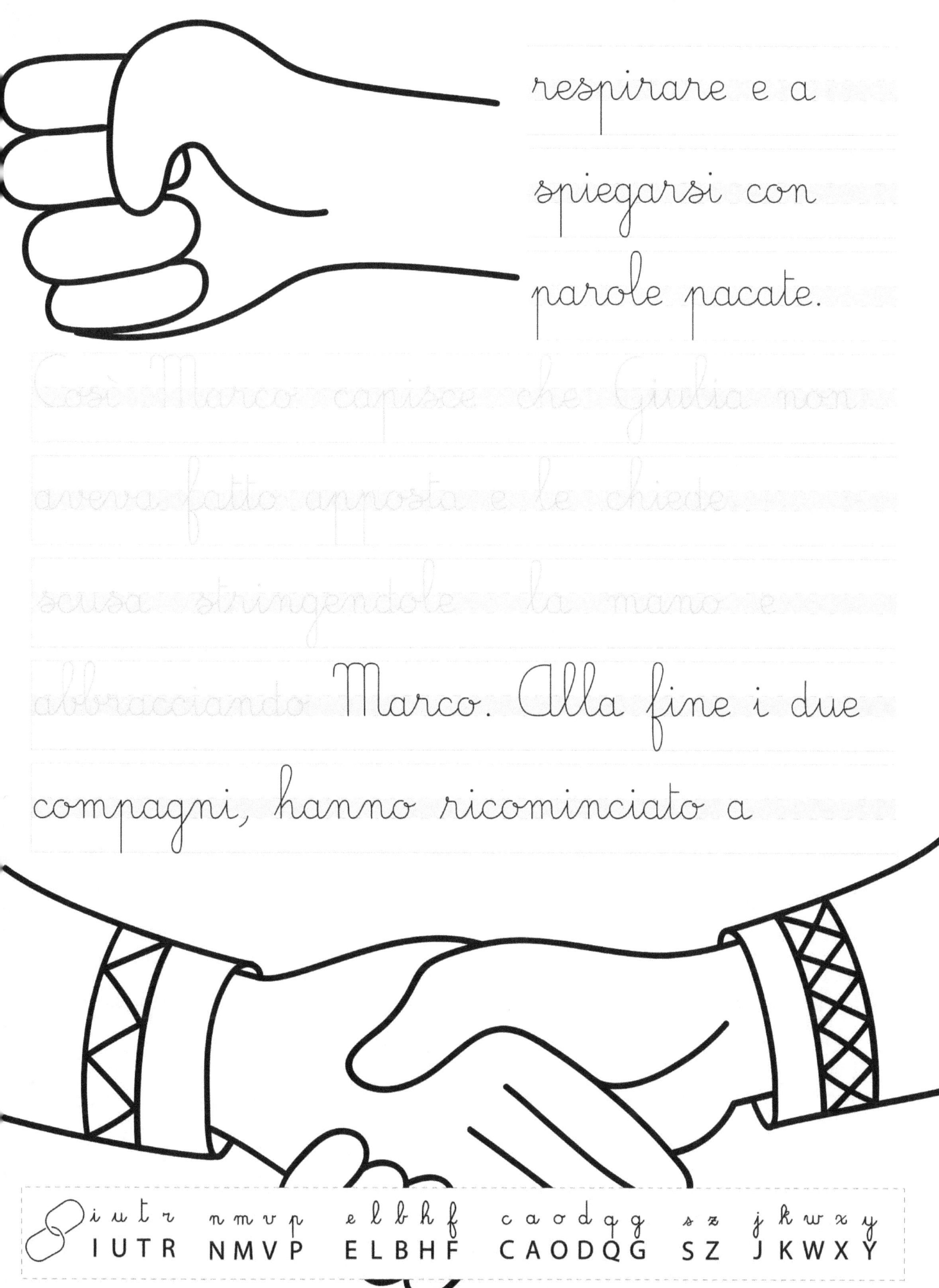

i u t r   n m v p   e l b h f   c a o d q g   s z   j k w x y
I U T R   N M V P   E L B H F   C A O D Q G   S Z   J K W X Y

costruire insieme, ma questa volta con più attenzione!

CONTINUA

Mi sono arrabbiato tanto quando...

bi	bu	be	br	bb	vi	vu	ve	vr	rr
BI	BU	BE	BR	BB	VI	VU	VE	VR	RR

FACCE ARRABBIATE E SERENE

DISEGNA IL VOLTO DI UN BAMBINO PRIMA MOLTO ARRABBIATO E POI RILASSATO. COLORA IL VOLTO ROSSO QUANDO ARRABBIATO E DI UN COLORE PIÙ CHIARO E TRANQUILLO QUANDO CALMO.

L'IMPORTANTE È VISUALIZZARE LA RABBIA E POI PROVARE A "TRASFORMARLA" IN QUALCOSA DI PIÙ PACIFICO.

LA PAURA

paura

coraggio

tremare

affrontare

Ho paura quando ...

ma per superarla io...

iutr nmvp elbhf caodqg sz jkwxy
IUTR NMVP ELBHF CAODQG SZ JKWXY

Elisa era così:
le piaceva la
cioccolata, il
colore verde e solo

la mattina. La sera e la notte
non le poteva sopportare perché
non c'era luce e lei aveva paura
del buio. Quando andava a dormire
succedeva una cosa particolare: lungo
la schiena si sentiva un brivido che
scendeva dall'alto al basso appena

| bi | bu | be | br | bb | vi | vu | ve | vr | rr |
| BI | BU | BE | BR | BB | VI | VU | VE | VR | RR |

spegneva la luce.
Sui muri della sua stanza apparivano strane e spaventose ombre e nello stesso momento il suo cuore cominciava a batterle a 1000 all'ora. La sua mamma tutte le sere prima di dormire le ripeteva: "Tu hai il coraggio di un leone, vedrai che non c'è nulla di cui aver paura, sei nella tua stanza! Poi sei in compagnia del

S i u t r   n m v p   e l b h f   c a o d q g   s z   j k w x y
I U T R   N M V P   E L B H F   C A O D Q G   S Z   J K W X Y

tuo peluche preferito e c'è anche la lucina a forma di luna attaccata alla parete"! Così una sera dopo l'altra Sara imparò ad immaginare posti felici in riva al mare oppure in mezzo ad un bellissimo bosco bagnato da un ruscello, tutti pieni di luce e di suoni della natura. In questo modo scoprì che concentrandosi su cose belle, la sensazione di paura diventa sempre più piccola fino a scomparire del tutto!

bi	bu	be	br	bb	vi	vu	ve	vr	rr
BI	BU	BE	BR	BB	VI	VU	VE	VR	RR

CONTINUA

La mia paura più grande è...

Io vinco la paura ...

IUTR NMVP ELBHF CAODQG SZ JKWXY

ASCOLTA

MA CHE PAURA!

IN QUESTO MODO, VEDRAI COME L'IMMAGINAZIONE PUÒ TRASFORMARE LA PAURA IN QUALCOSA DI PIÙ ALLEGRO!

IMMAGINA CHE LA TUA PAURA DIVENTI PICCOLA PICCOLA, FINO A SPARIRE. BUONA SCOPERTA DEL TUO CORAGGIO!

LA SORPRESA

sorpresa

sorprendere

stupore

meraviglia

stupirsi

emozionante

bellissima

attesa

dolce

Quando ricevo una sorpresa, mi sento...

Una volta mi sono sorpreso/a perché...

Le sorprese sono belle non solo nel giorno del compleanno. Matteo lo sapeva da sempre e il suo viso si illuminava insieme ai suoi occhi quando riceveva qualcosa che non si aspettava. Un pomeriggio tornato da scuola, trovò sul tavolo un pacchetto incartato con carta colorata e un fiocco intrecciato con rametti di abete e pigne.

bi	bu	be	br	bb	vi	vu	ve	vr	vr
BI	BU	BE	BR	BB	VI	VU	VE	VR	RR

Che cos'è? Si domandò con gli occhi
sgranati e la bocca socchiusa.

Quasi a non voler rovinare la carta
e i rametti aprì con cura la confezione
e scoprì al suo interno un libro
molto grande con illustrazioni di
draghi e fantastiche avventure. Matteo
lo guardò fisso per diversi secondi,

i u t r   n m v p   e l b h f   c a o d q g   s z   j k w x y
I U T R   N M V P   E L B H F   C A O D Q G   S Z   J K W X Y

poi iniziò a girarselo tra le mani:
prima la copertina, poi il retro, poi
le pagine interne. Era senza parole,
la sorpresa lo aveva lasciato
pietrificato e a bocca aperta. Intorno a
lui non sentiva quasi più nulla.
Quello che invece sentiva
benissimo era il forte
battito del suo cuore.
Non vedeva l'ora di
leggere le storie e

bi	bu	be	br	bb	vi
BI	BU	BE	BR	BB	VI

osservare tutte le illustrazioni.

CONTINUA

Il libro più bello che ho ricevuto si chiama...

La città più bella che ho visitato/a è stata...

iutr nmvp elbhf caodqg sz jkwxy
IUTR NMVP ELBHF CAODQG SZ JKWXY

DISEGNA SORPRESE

CON PACCHETTI REGALO DI VARIE FORME E COLORI, CON FIOCCHI GIGANTI.

AMICIZIA E AMORE

amicizia

amore

affetto

gentilezza

rispetto

amico

affettuoso

gentile

amica

| | bi
BI | bu
BU | be
BE | br
BR | bb
BB | vi
VI | vu
VU | ve
VE | vr
VR | rr
RR |

Il mio amico del cuore è...

perché...

La mia migliore amica è...

Provo un grande rispetto per...

𝒮 i u t r   n m v p   e l b h f   c a o d q g   s z   j k w x y
I U T R   N M V P   E L B H F   C A O D Q G   S Z   J K W X Y

Le sorprese piacciono a tutti, grandi e piccini. Quando poi le preparano i tuoi compagni di classe la magia è assicurata! Paolo era arrivato da poco in città e da qualche giorno frequentava la nuova scuola con nuovi compagni, ma era un pò timido perché non conosceva bene ancora nessuno. Per il giorno del suo compleanno, Martina, la sua migliore amica e compagna di

	bi	bu	be	br	bb	vi	vu	ve	vr	rr
	BI	BU	BE	BR	BB	VI	VU	VE	VR	RR

classe, e altri compagni prepararono una sorpresa speciale per lui. Tutti insieme, raccolsero disegni, bigliettini colorati e piccoli cioccolatini da regalargli.

Quando Paolo li ricevette durante l'intervallo, i suoi occhi si illuminarono e un grande sorriso comparve sul suo viso. Da quel momento e con quel semplice regalo, si sentì accolto e felice di avere nuovi

i u t r   n m v p   e l b h f   c a o d q g   s z   j k w x y
I U T R   N M V P   E L B H F   C A O D Q G   S Z   J K W X Y

amici che lo avevano fatto sentire importante. Questo gesto di gentilezza e amicizia scaldò il cuore di Paolo e moltiplicò l'amicizia tra tutti. Alla maestra scesero sul viso delle lacrime di commozione.

CONTINUA

Spesso festeggiamo i compleanni a scuola, ma quello più speciale è stato...

bi	bu	be	br	bb	vi	vu	ve	vr	rr
BI	BU	BE	BR	BB	VI	VU	VE	VR	RR

LA CURIOSITÀ

curiosità

imparare

scoprire

esplorare

scoperta

Sono curioso/a di sapere...

perchè...

iutr nmvp elbhf caodqg sz jkwxy
IUTR NMVP ELBHF CAODQG SZ JKWXY

Il giardino è un posto da esploratori. Edoardo lo sapeva bene e adorava passare le ore all'aperto per esplorare quel piccolo mondo fuori di casa. Un giorno notò qualcosa di strano: una briciola di pane sembrava muoversi

bi	bu	be	br	bb	vi	vu	ve	vr	rr
BI	BU	BE	BR	BB	VI	VU	VE	VR	RR

da sola! Si avvicinò e scoprì che invece

sotto di lei una piccola formica la

trasportava con la forza di un

supereroe. Quel giorno Edoardo

indossava un cappellino da esploratore

e in mano aveva la sua solita lente di

ingrandimento con cui decise di

sbirciare più da vicino tutta la fatica della piccola formica. Così seguendo la formica, tra cespugli e fiori

profumati, Edoardo arrivò senza accorgersene in un angolo del giardino poco frequentato dove cresceva un

bi	bu	be	br	bb	vi	vu	ve	vr	rr
BI	BU	BE	BR	BB	VI	VU	VE	VR	RR

piccolo orto selvatico. Il bambino rimase di sasso, con la bocca aperta e le mani che tremavano, quando scoprì quel tesoro nascosto proprio vicino casa. Visto che era molto curioso cominciò ad osservare alla lente, tutti i frutti dell'orto nel dettaglio e da quel giorno decise che da grande sarebbe stato un botanico.

iutr nmvp elbhf caodqg sz jkwxy
IUTR NMVP ELBHF CAODQG SZ JKWXY

CONTINUA

Sono curioso di osservare alla lente di ingrandimento...

bi	bu	be	br	bb	vi	vu	ve	vr	vr
BI	BU	BE	BR	BB	VI	VU	VE	VR	RR

DISEGNA UNA MAPPA DEL TESORO..

CON UNA GRANDE "X" CHE SEGNA IL PUNTO DOVE NASCONDE UN SEGRETO.

L'INVIDIA

invidia

gelosia

confronto

apprezzare

A volte mi sento invidioso/a perché...

Ma se ci penso capisco che...

iutr nmvp elbhf caodqg sz jkwxy
IUTR NMVP ELBHF CAODQG SZ JKWXY

La ricreazione è il momento della scuola che Luca preferiva perché poteva giocare con i suoi compagni di classe e mangiare le merende golose della mamma. A carnevale Marco, un suo compagno di classe, aveva disegnato una maschera di Arlecchino bellissima, su un foglio molto grande e con colori brillantinati: tutti lo ammiravano. Luca si sentì subito

bi	bu	be	br	bb	ri	ru	re	rr	rr
BI	BU	BE	BR	BB	VI	VU	VE	VR	RR

pò triste perchè desiderava realizzare un disegno così speciale. Quella sensazione di nodo allo stomaco era l'invidia accompagnata dalla gelosia che di solito camminano insieme per mano. Voleva confrontarsi con Marco ma come per magia arrivarono le parole della maestra che sottolineò quanto sia bello riconoscere ed apprezzare le qualità degli altri, perché ognuno ne ha di proprie. Luca

i u t r n m v p e l b h f c a o d q g s z j k w x y
I U T R N M V P E L B H F C A O D Q G S Z J K W X Y

capì così che ognuno ha le proprie qualità e invece che sentirsi male poteva confrontare le sue idee con quelle dei compagni per diventare sempre migliore!

CONTINUA

Ammiro tanto le qualità di ...

e cioè...

| bi | bu | be | br | bb | vi | vu | ve | vr | rr |
| BI | BU | BE | BR | BB | VI | VU | VE | VR | RR |

RIPASSA UN VOLTO.

CHE ESPRIMA L'INVIDIA: MAGARI CON GLI OCCHI UN PO' TRISTI O UN'ESPRESSIONE PENSIEROSA.

ORGOGLIO

orgoglio

successo

fiero

impegno

Quando mi sento orgoglioso/a, mi sento...

perché...

iutr nmvp elbhf caodqg sz jkwxy
IUTR NMVP ELBHF CAODQG SZ JKWXY

Fuori dalla finestra del soggiorno di

casa Paolo aveva un

un giardino

bellissimo che

amava disegnare

da diversi angoli e nelle diverse

stagioni dell'anno. In primavera Paolo

lo disegnò quando gli alberi erano

| bi | bu | be | br | bb | vi | vu | ve | vr | rr |
| BI | BU | BE | BR | BB | VI | VU | VE | VR | RR |

tutti fioriti e nelle aiuole c'erano fiori di ogni colore. Nella fontana poi arrivavano uccellini che portavano allegria col loro cinguettio.

Quando mostrò il suo disegno agli amici, tutti lo applaudirono e gli sembrò che il cuore gli scoppiasse in petto: era orgoglioso di se stesso. L'orgoglio perciò è importante per ricordarci

iutr nmvp elbhf caodqg sz jkwxy
IUTR NMVP ELBHF CAODQG SZ JKWXY

quanto è speciale il nostro impegno nelle cose e la nostra creatività per rendere unico quello che facciamo e non tanto a vantarsi.

CONTINUA

Sono stato orgoglioso di me quando...

perchè...

| bi | bu | be | br | bb | vi | vu | ve | vr | vr |
| BI | BU | BE | BR | BB | VI | VU | VE | VR | RR |

DISEGNA UNA VITTORIA.

DISEGNA UN BAMBINO O UNA BAMBINA CHE MOSTRA CON ORGOGLIO IL SUO DISEGNO O UN PREMIO.

LA VERGOGNA

vergogna

imbarazzo

timido

coraggio

Quando provo vergogna, mi sento...

perché...

I U T R N M V P E L B H F C A O D Q G S Z J K W X Y

Sofia giocava di pomeriggio al parco con i suoi amici che vivevano con lei nel palazzo di via Roma. Con un gessetto bianco, sul pavimento, ogni giorno disegnavano il gioco della campana che facevano per ore e ore. Un pomeriggio però Sofia, che era una campionessa in quel

bi	bu	be	br	bb	vi	vu	ve	vr	rr
BI	BU	BE	BR	BB	VI	VU	VE	VR	RR

Si sbucciò il ginocchio e i gomiti ma

non pianse una lacrima.

Dentro di sé provò una sensazione di vergogna grandissima

I U T R   N M V P   E L B H F   C A O D Q G   S Z   J K W X Y

e le disse: "Tutti cadiamo Sofia, ma l'importante è trovare la forza di rialzarsi e continuare a provare!"

Quindi Sofia capì che la vergogna dura un attimo e che un aiuto sincero, anche se piccolo, ci aiuta a trasformare l'imbarazzo in uno

S i u t r n m v p e l b h f c a o d q g s z j k w x y
I U T R N M V P E L B H F C A O D Q G S Z J K W X Y

strumento per diventare più forti.

CONTINUA

Quando provo vergogna, mi sento...

perché...

Quando mi vergogno, mi aiuta...

perché...

bi	bu	be	br	bb	vi	vu	ve	vr	rr
BI	BU	BE	BR	BB	VI	VU	VE	VR	RR

ASCOLTA
PRENDI UN'EMOZIONE

FILASTROCCA

IN UN GIORNO UN PO' BUFFO E TIMIDO, SOFIA CADDE, CHE MOMENTO ARDITO! IL VISO ROSSO COME UN BEL POMODORO, MA UN AMICO LE DONÒ UN SORRISO D'ORO! LA VERGOGNA SVANISCE SE INSIEME CI AIUTIAMO, CON UN ABBRACCIO E UN SORRISO, SEMPRE IMPARIAMO!

RIPASSA UN VOLTO.

UN PO' ROSSO, CHE MAGARI HA APPENA FATTO UN PICCOLO ERRORE, MA POI RICEVE UN ABBRACCIO RASSICURANTE DA UN AMICO.

SENSO DI COLPA

rimorso

scusa

perdono

Chiedere scusa mi fa sentire...

perché...

Giacomo non poteva utilizzare lo smartphone del papà perchè al suo interno c'erano delle informazioni importanti riguardanti il lavoro ma anche un gioco bellissimo che avevano scaricato per giocare insieme nei pomeriggi piovosi. Una mattina il papà lasciò il telefono per distrazione all'ingresso di

bi	bu	be	br	bb	vi	vu	ve	vr	vr
BI	BU	BE	BR	BB	VI	VU	VE	VR	RR

casa, vicino ai cappotti e dimenticò di portarlo al lavoro. Così quando Giacomo tornò da scuola ne approfittò e giocò per tante ore al suo gioco

MI DISPIACE

preferito. Purtroppo però con una combinazione di tasti particolare Giacomo fece un danno: cancellò delle informazioni molto importanti che il papà aveva memorizzato per il lavoro il giorno prima. Lo stomaco di

i u t r   n m v p   e l b h f   c a o d q g   s z   j k w x y
I U T R   N M V P   E L B H F   C A O D Q G   S Z   J K W X Y

Giacomo cominciò ad intrecciarsi e a brontolare: aveva sentito il senso di colpa! Quando il papà di sera tornò a casa trovò il bimbo all'ingresso vicino ai cappotti che lo aspettava coraggiosamente: "Scusa, papà, non volevo fare dei danni.

Ecco il tuo telefono, promesso che la prossima volta chiederò prima di

bi	bu	be	br	bb	vi	vu	ve	vr	rr
BI	BU	BE	BR	BB	VI	VU	VE	VR	RR

usarlo o lo farò con te!"
Il papà per fortuna aveva quelle informazioni anche sul computer del lavoro. Il papà sorrise, apprezzò il coraggio e la correttezza di Giacomo e lo abbracciò forte, scompigliandogli i capelli. Un semplice "scusa" può trasformare un problema in una prova di coraggio e far tornare il buonumore.

IUTR NMVP ELBHF CAODQG SZ JKWXY

ASCOLTA
LA FILASTROCCA

LA SVEGLIA SUONA, UN RAGGIO MI CHIAMA,
ZAINO IN SPALLA, LA SCUOLA RECLAMA.

SOTTO I PORTICI TROVO UN AMICO,
SCORDO IL SALUTO... CHE GRAN PASTICCIO!

SENTO UN PESO, UN PICCOLO AFFANNO,
CHIEDO PERDONO, E PASSA L'INGANNO.

A CASA RACCONTO TUTTO IL MIO ERRORE,
MAMMA E PAPÀ MI SCALDANO IL CUORE.

DISEGNA UN BAMBINO

CON UNA NUVOLETTA GRIGIA SOPRA LA TESTA, CHE PIAN PIANO SI TRASFORMA IN UN SOLE SPLENDENTE QUANDO DICE "SCUSA".

SERENITÀ

serenità

calma

pace

tranquillità

Quando mi sento sereno/a, mi sento...

perché...

bi	bu	be	br	bb	vi	vu	ve	vr	vr
BI	BU	BE	BR	BB	VI	VU	VE	VR	RR

Era il grande abete nel suo giardino dove si andavano a rifugiare anche tanti uccellini e lì chiacchieravano tra loro soprattutto di sera. Sotto il suo abete Elena chiudeva gli occhi,

S i u t r   n m v p   e l b h f   c a o d q g   s z   j k w x y
I U T R   N M V P   E L B H F   C A O D Q G   S Z   J K W X Y

venticello tiepido che le accarezzava il viso. In quei momenti, Elena si sentiva coccolata da una morbida coperta di serenità: tutto intorno a lei

era calmo e il mondo intero si

riposava assieme a lei.

CONTINUA

Mi sento coccolato/a ...

esclusa quando ...

ASCOLTA
UN ELEFANTE SI DONDOLAVA.

FILASTROCCA
"QUANDO IL SOLE SI ABBASSA PIANO,
E IL MONDO DIVENTA UN SOGNO LONTANO,
LA MIA MENTE SI CALMA, IL CUORE RIPOSA,
IN UN ABBRACCIO DI PACE, DOLCE E SILENZIOSA!"

COPIA LA FILASTROCCA IN CORSIVO.

COLORA QUESTO PAESAGGIO.

LA GRATITUDINE

gratitudine gratitudine

grazie grazie

apprezzare apprezzare

riconoscenza riconoscenza

Sono grato/a per...

perché...

iutr nmvp elbhf caodqg sz jkwxy
IUTR NMVP ELBHF CAODQG SZ JKWXY

Leo riceveva spesso aiuti e regali, ma non ringraziava mai. Un giorno, il suo amico Tommaso, stanco di vedere la sua indifferenza, decise di regalargli una piccola scatolina vuota piena di gratitudine. Inizialmente, Leo fu confuso e non capì il senso del regalo. Così, cominciò a riflettere sul significato di quella scatolina. Con il passare del

bi	bu	be	br	bb	vi	vu	ve	vr	vr
BI	BU	BE	BR	BB	VI	VU	VE	VR	RR

tempo, Leo iniziò a dire "grazie" in modo sincero. Scoprì che quelle semplici parole, se dette con il cuore, avevano un potere straordinario:

trasformare radicalmente i suoi rapporti con gli altri. Leo capì che la gratitudine era un dono che arricchisce

IUTR NMVP ELBHF CAODQG SZ JKWXY

sia chi la riceve sia chi la esprime, creando un legame di reciproca felicità e riconoscenza.

CONTINUA

Quando dico "grazie", mi sento...

perché...

| bi | bu | be | br | bb | vi | vu | ve | vr | rr |
| BI | BU | BE | BR | BB | VI | VU | VE | VR | RR |

ASCOLTA
LA GRATITUDINE

FILASTROCCA

"CON UN GRAZIE NEL CUORE,
OGNI GIORNO È UN BEL COLORE;
DICO GRAZIE A TE, A ME,
E IL MONDO SORRIDE CON SINCERITÀ!"

COPIA LA FILASTROCCA IN CORSIVO.

DISEGNA
COME TI SENTI DOPO AVER COMPLETATO UNA PAGINA DI QUESTO LIBRO.

COPIA QUESTA RIFLESSIONE IN CORSIVO

PROVARE INVIDIA O GELOSIA È NORMALE, MA POSSIAMO SEMPRE TRASFORMARE QUEI SENTIMENTI IN APPREZZAMENTO E MOTIVAZIONE. QUANDO VEDI CHE QUALCUNO FA QUALCOSA DI FANTASTICO, INVECE DI SENTIRTI TRISTE, PROVA A PENSARE: "COSA POSSO IMPARARE DA QUESTA PERSONA?"

PER FAVORE, LASCIA UNA RECENSIONE

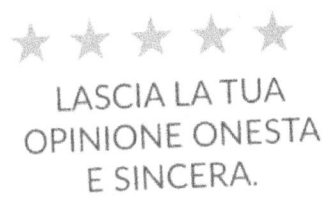

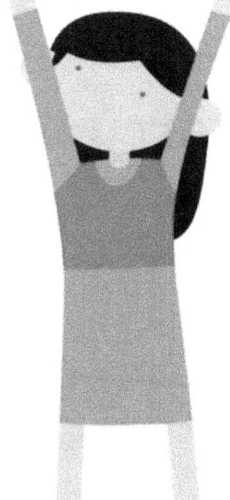

Noi di Artù Publishing ti ringraziamo per aver scelto questo libro.

Ci farebbe piacere avere
una tua recensione sul sito
dove hai acquistato il libro.

Siamo un gruppo di autori indipendenti
che cercano di produrre
libri di qualità per bambini.

E' un piccolo gesto
che per noi fa davvero molta differenza.

Il Team di Artù Publishing

www.artupublishing.shop
www.artupublishing.it

RICHIEDI IL TUO BONUS ASSOCIATO AL LIBRO

Scansiona con il tuo cellulare il codice QR oppure invia una mail ad **artu.publishing@gmail.com** per ricevere i bonus relativi al libro.

SCOPRI GLI ALTRI LIBRI DELLA COLLANA SUL CORSIVO

www.ingramcontent.com/pod-product-compliance
Lightning Source LLC
Chambersburg PA
CBHW081155070526
44583CB00021B/2842